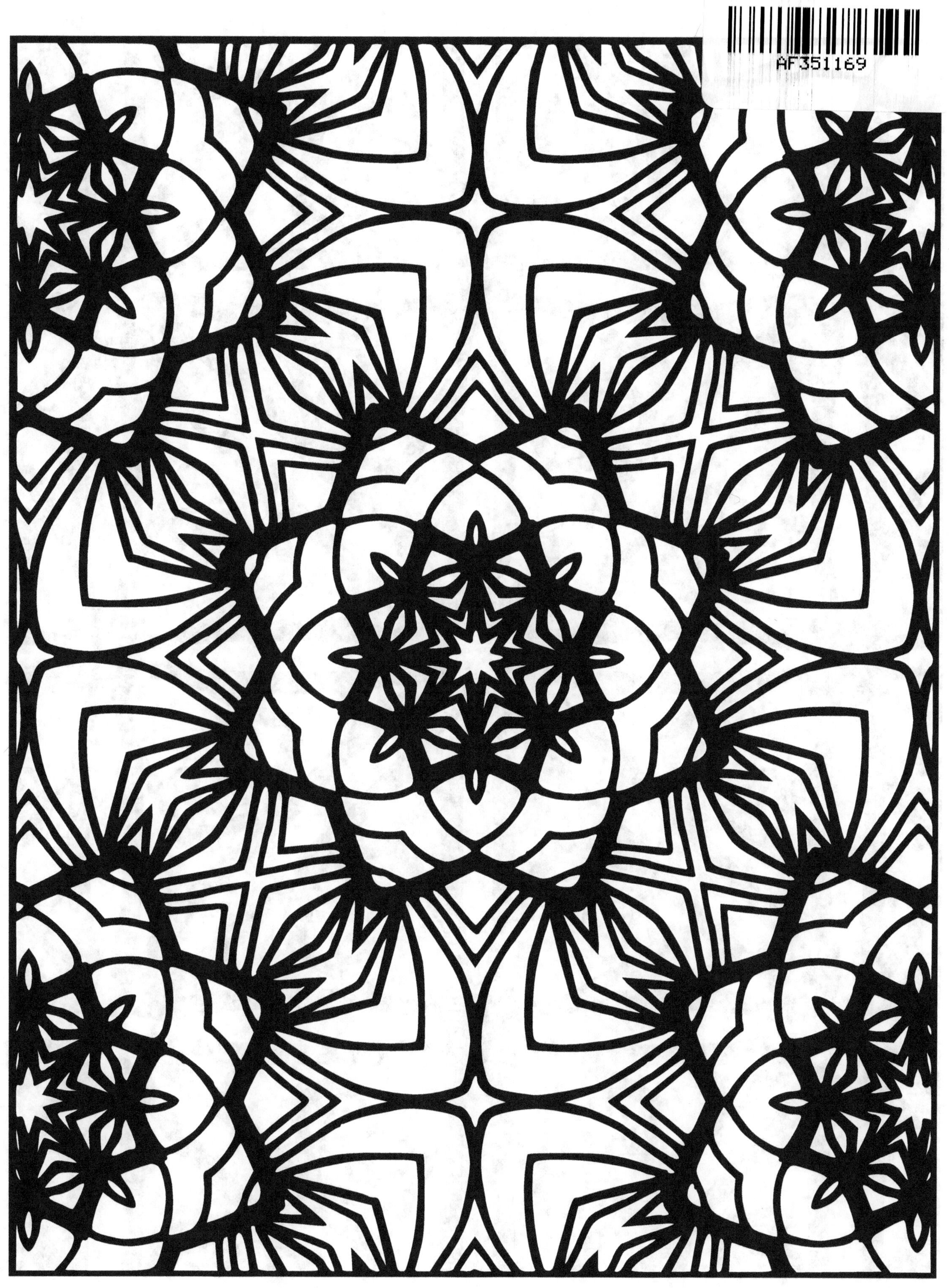

AF351169

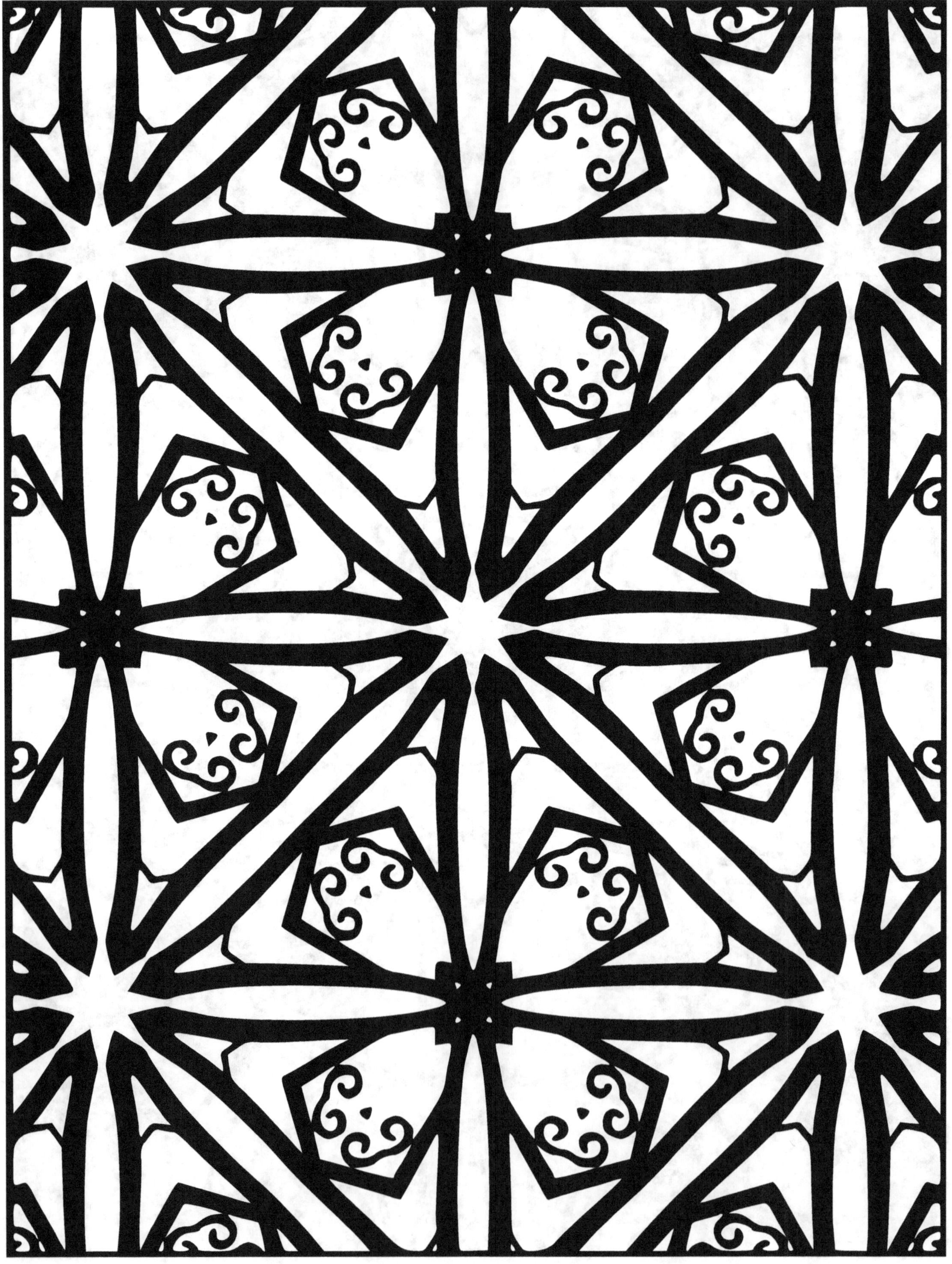

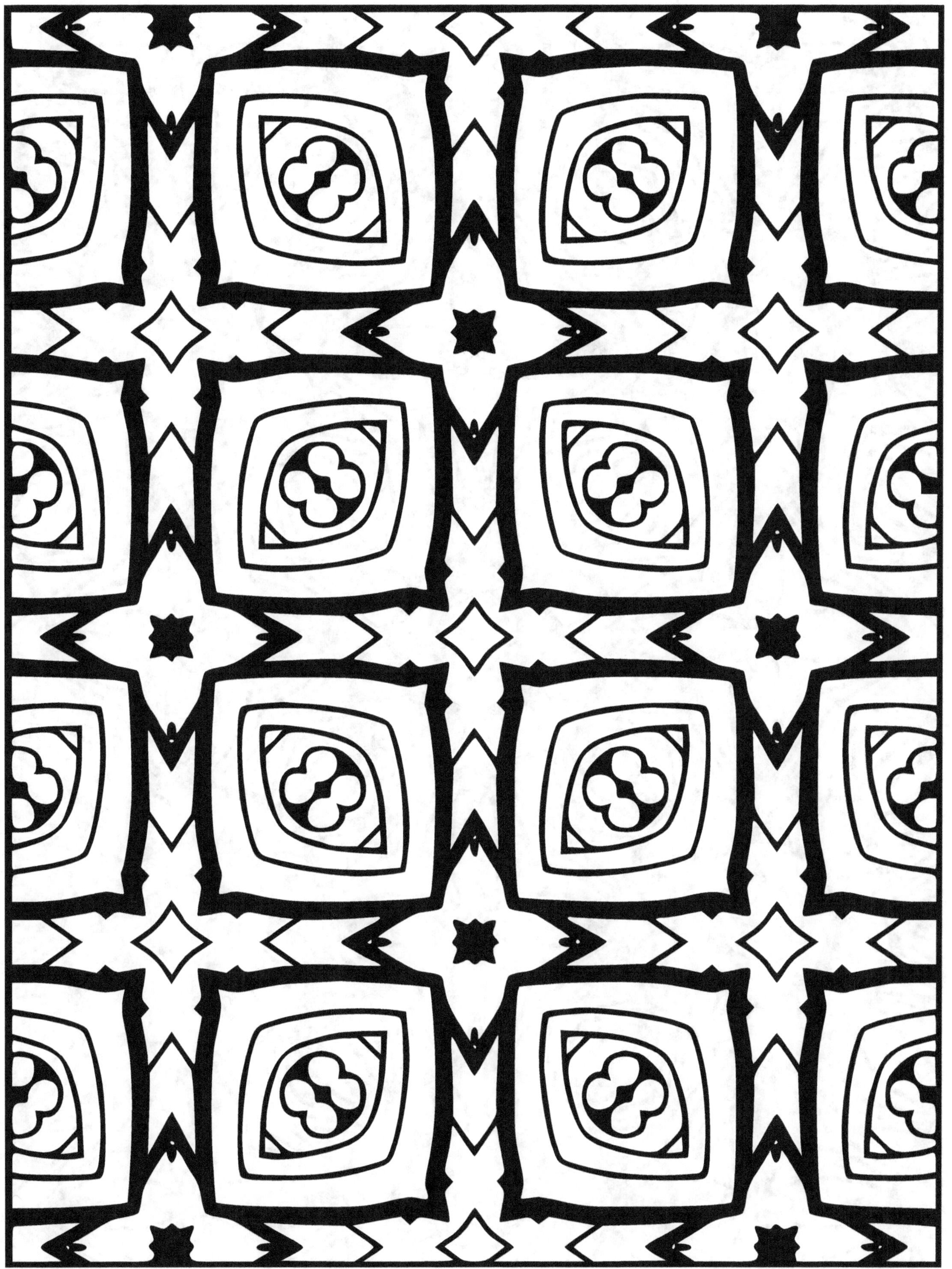

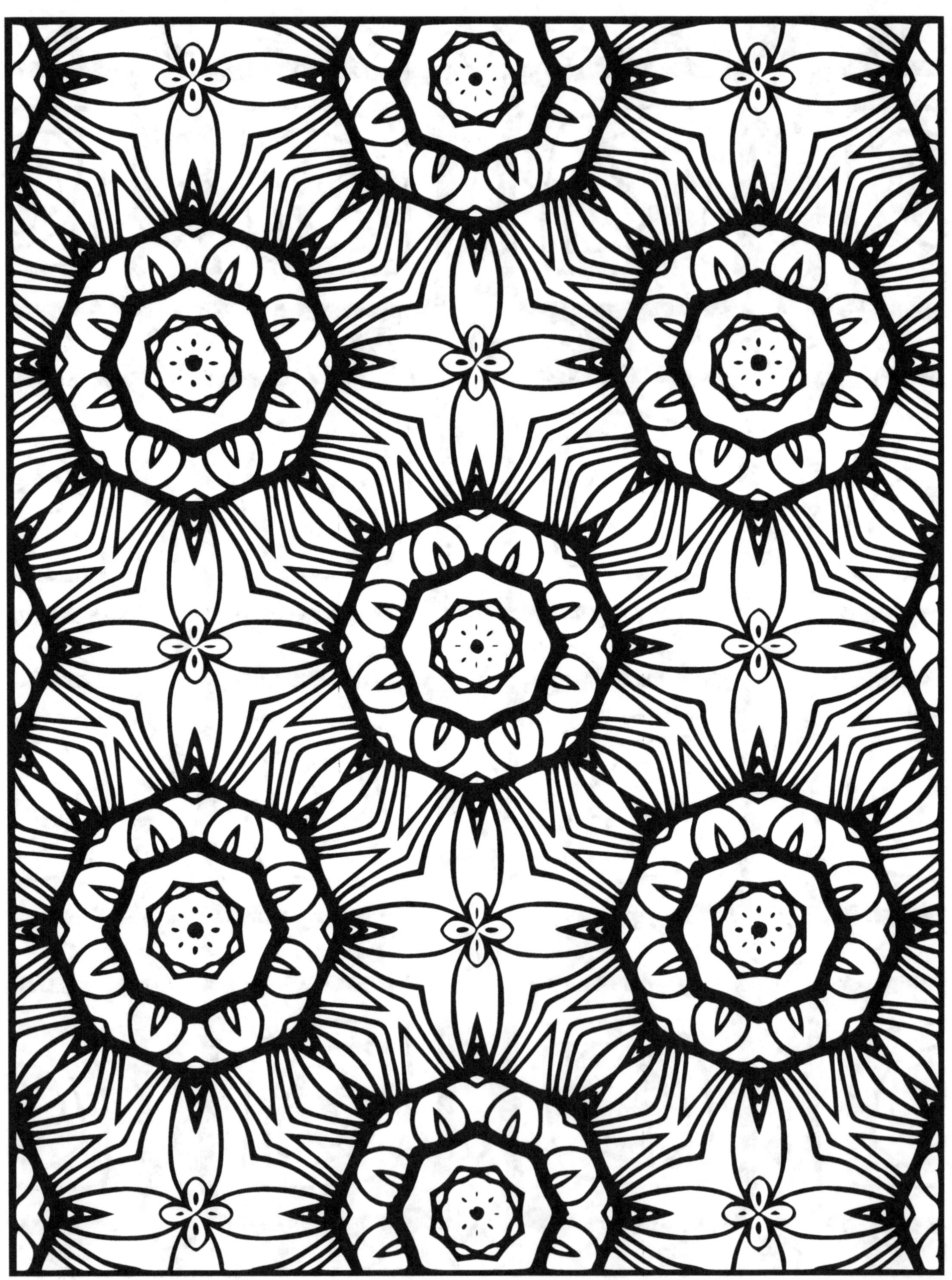

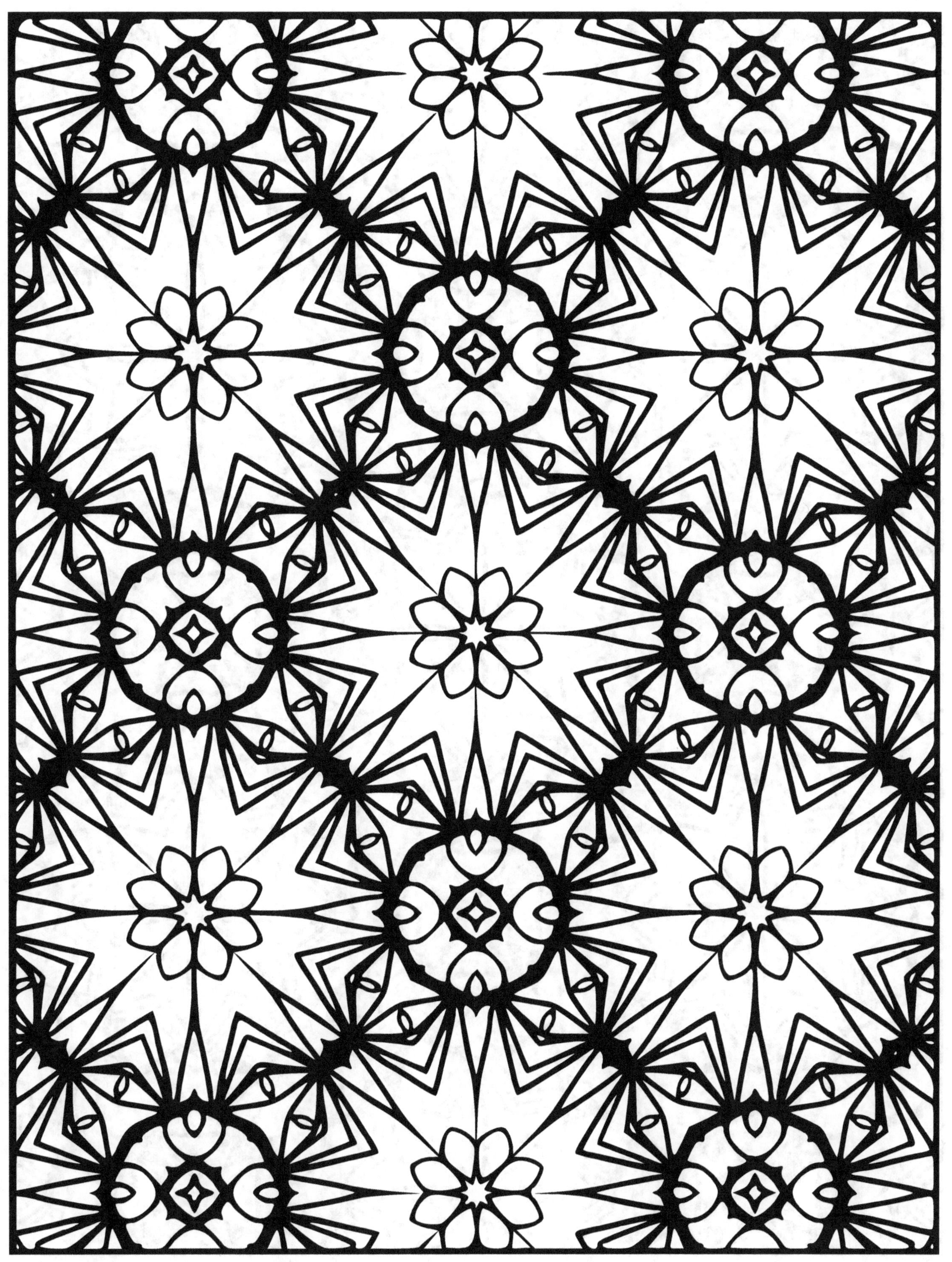

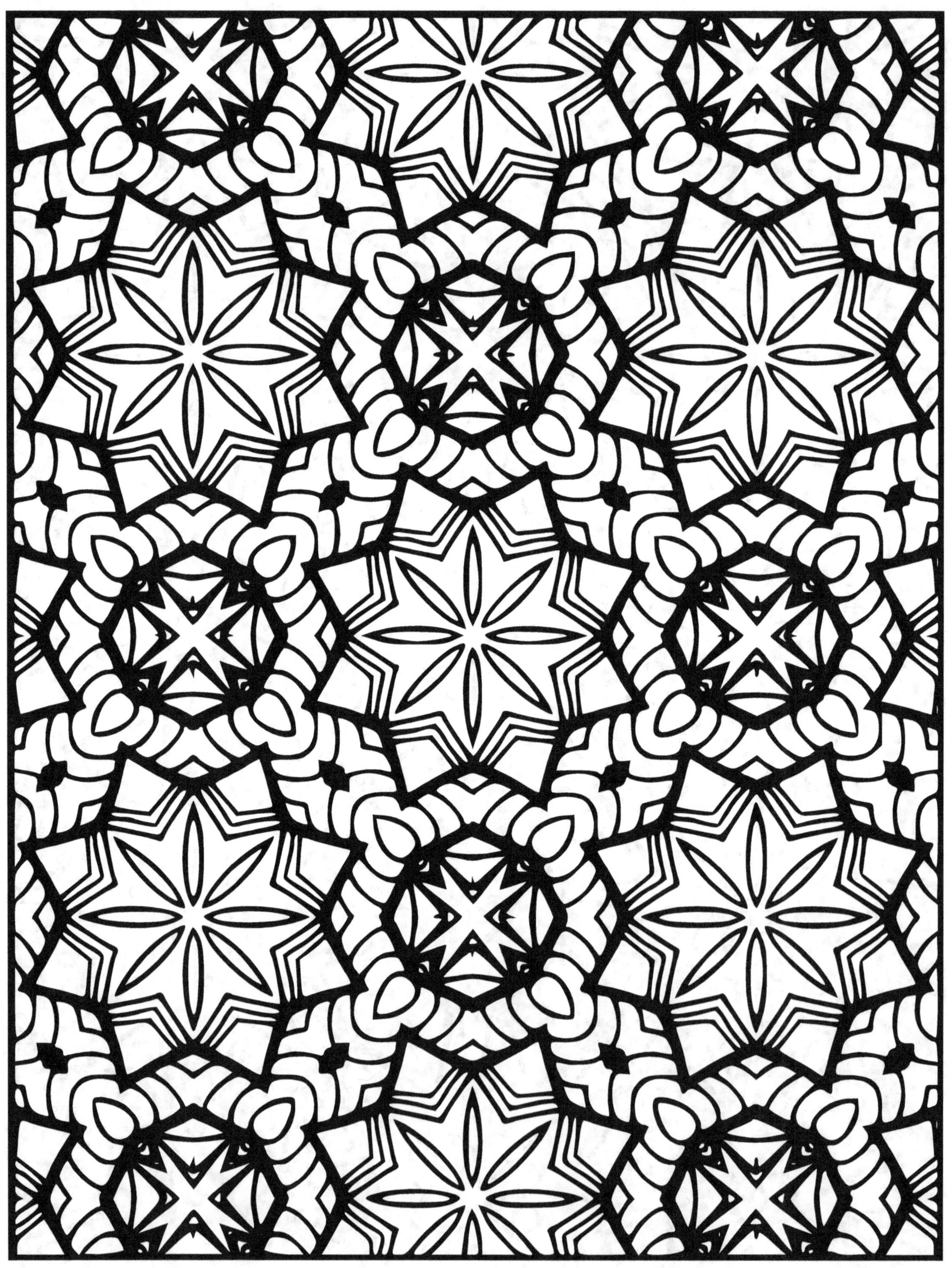

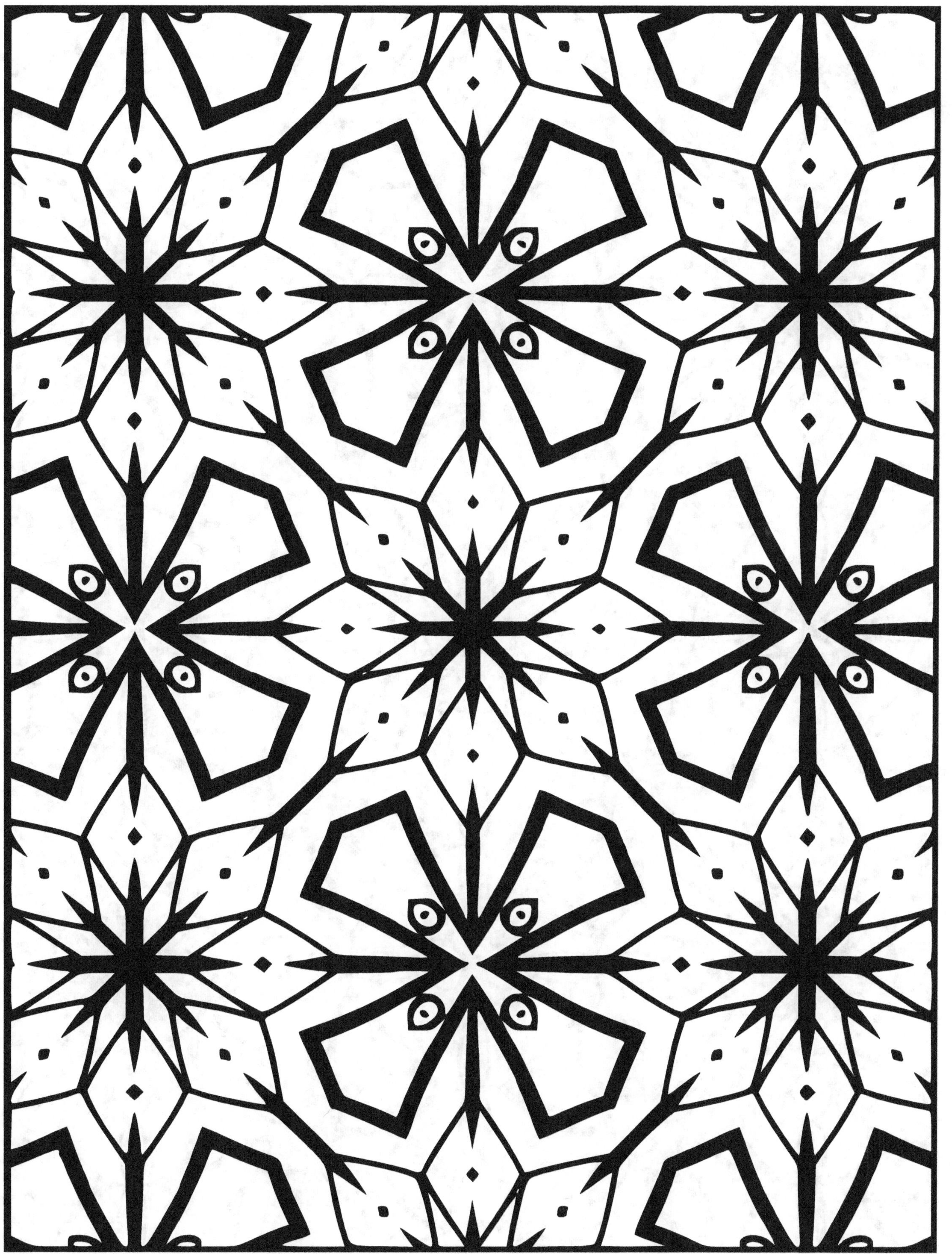

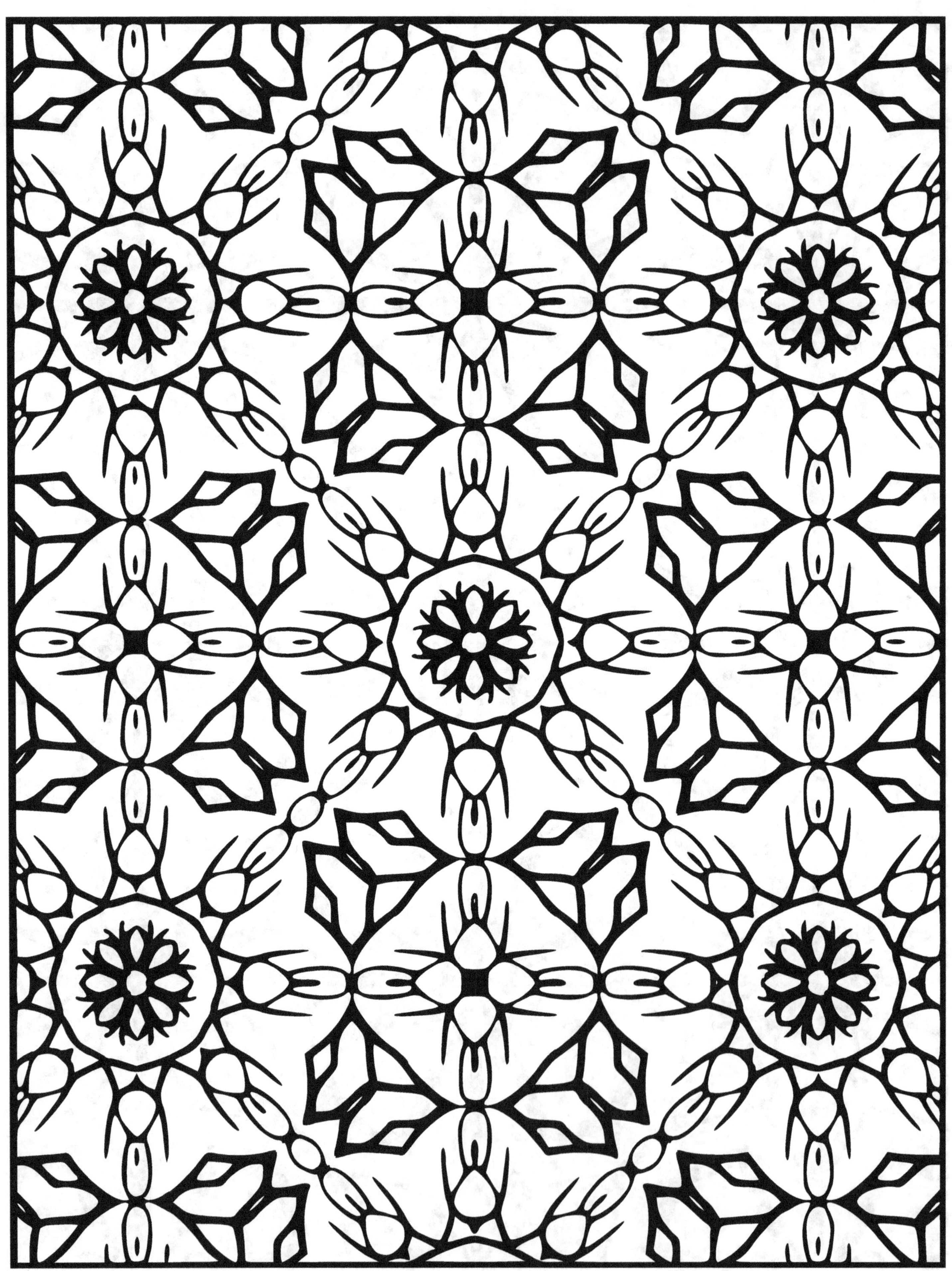

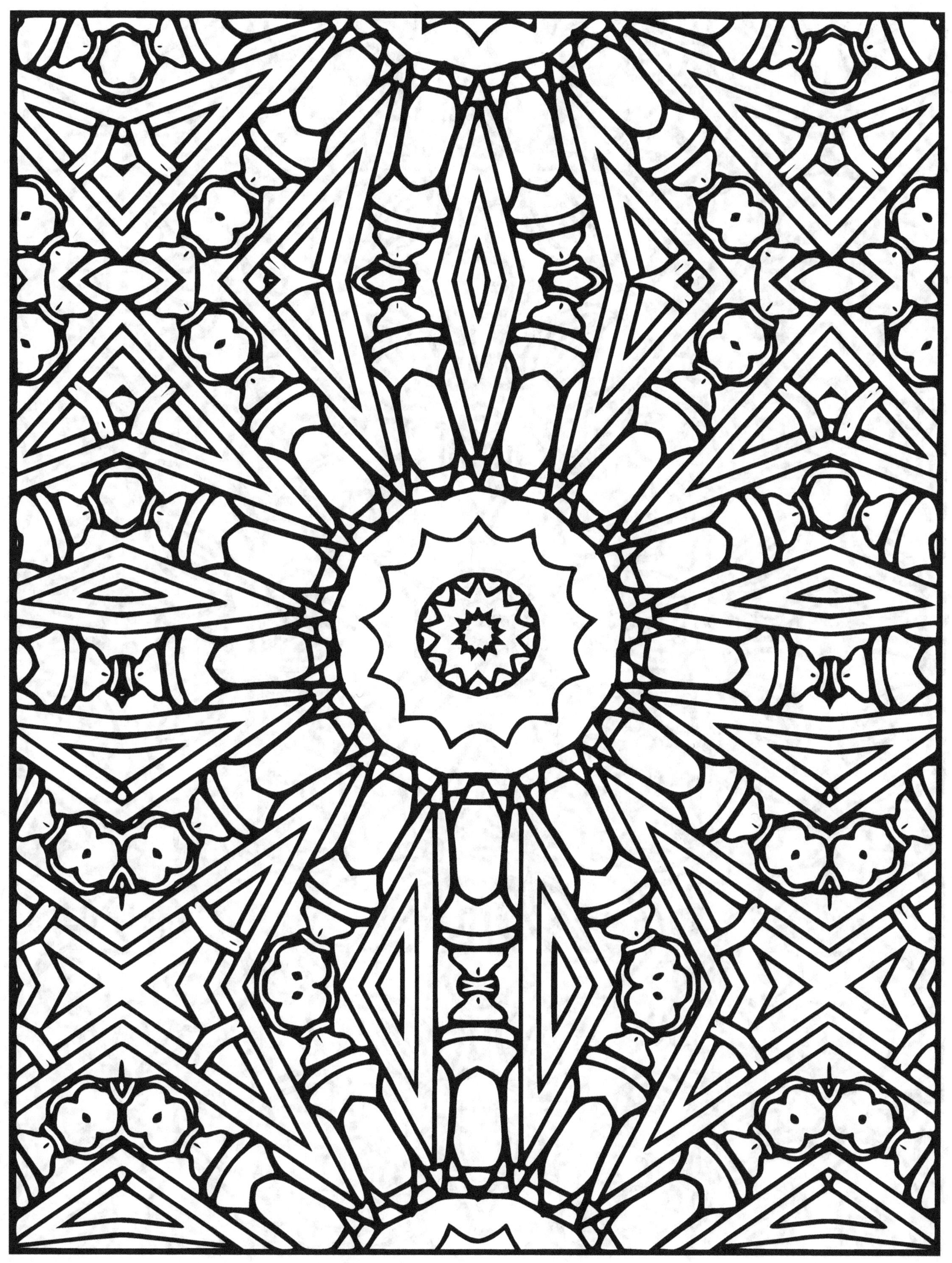

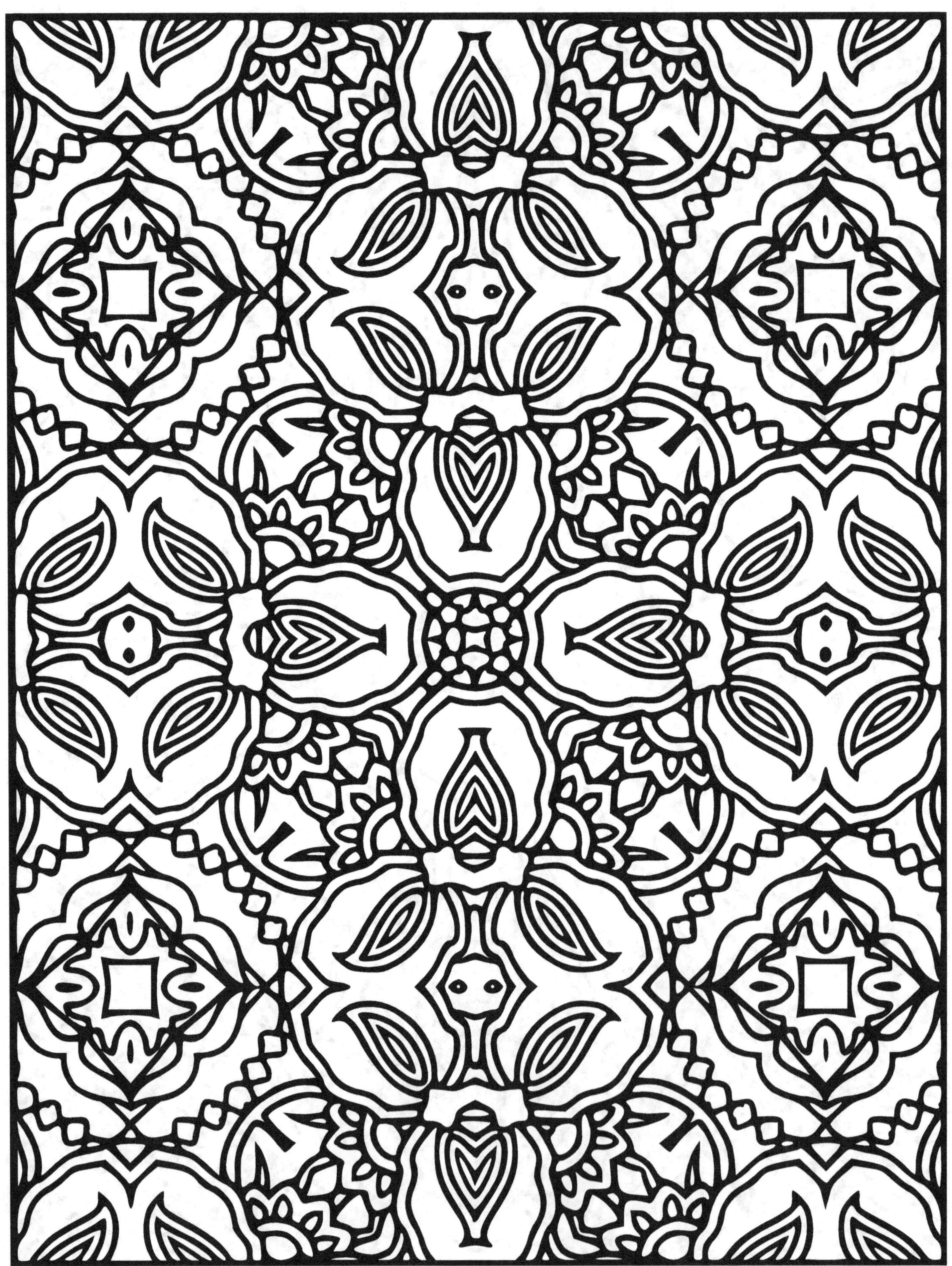

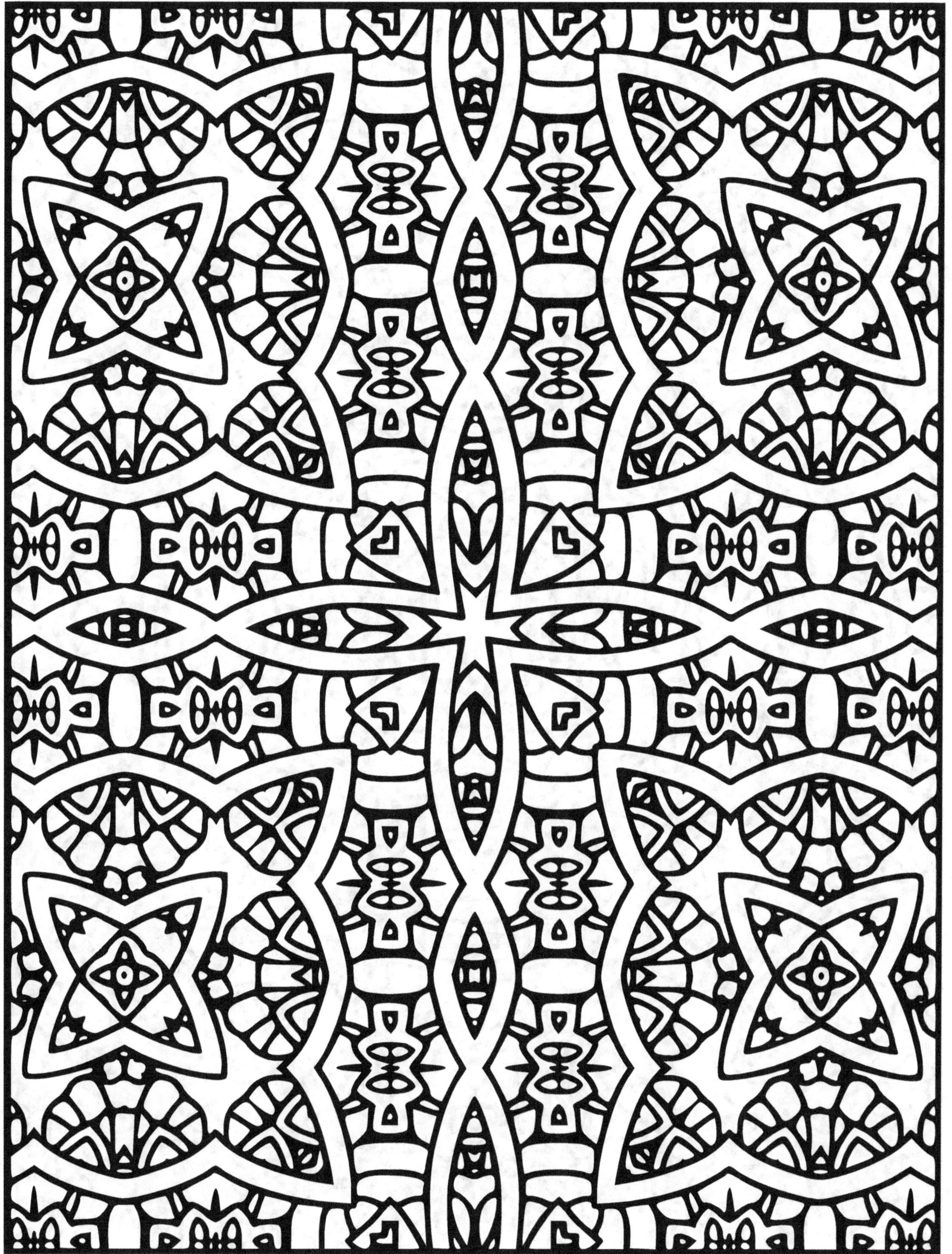

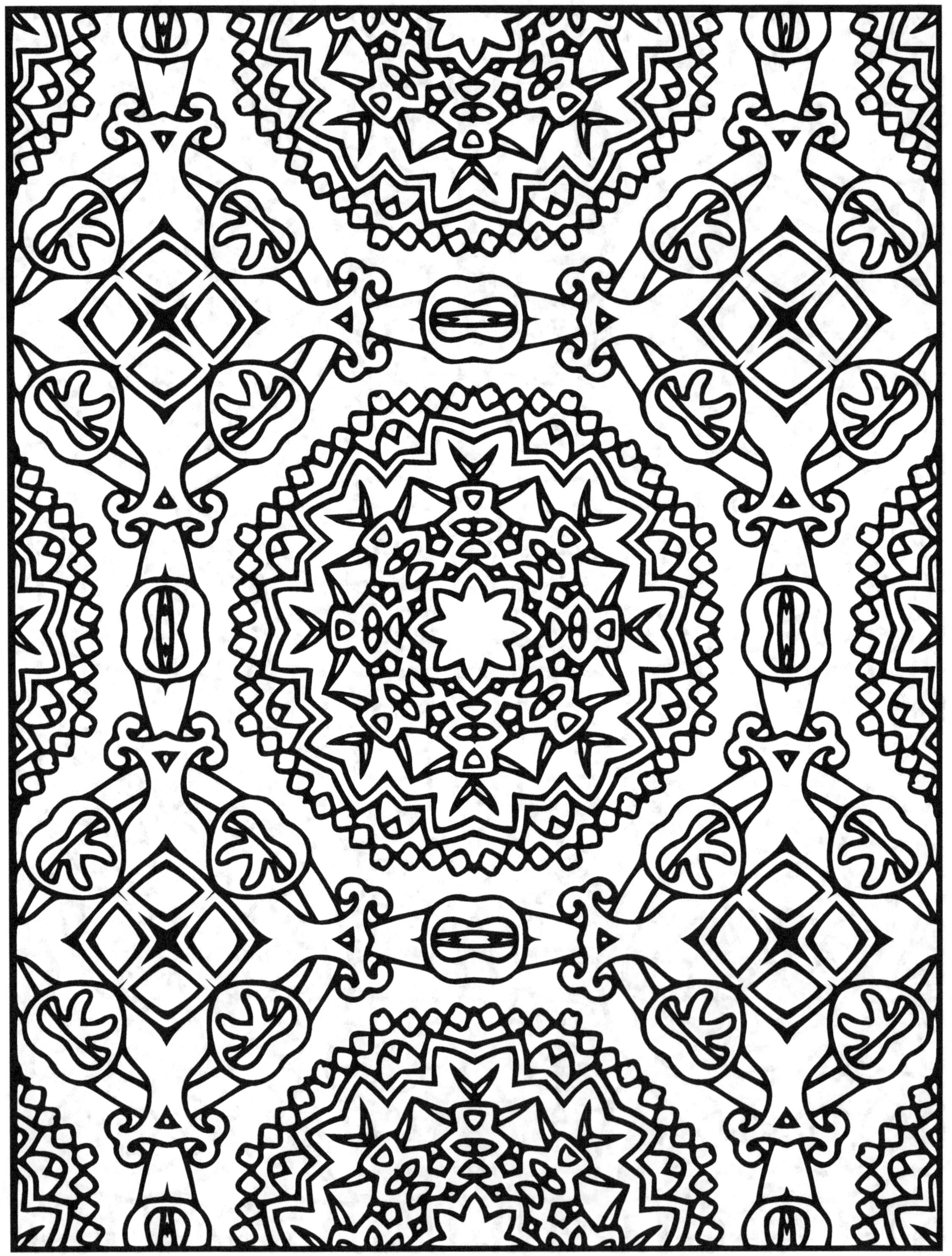

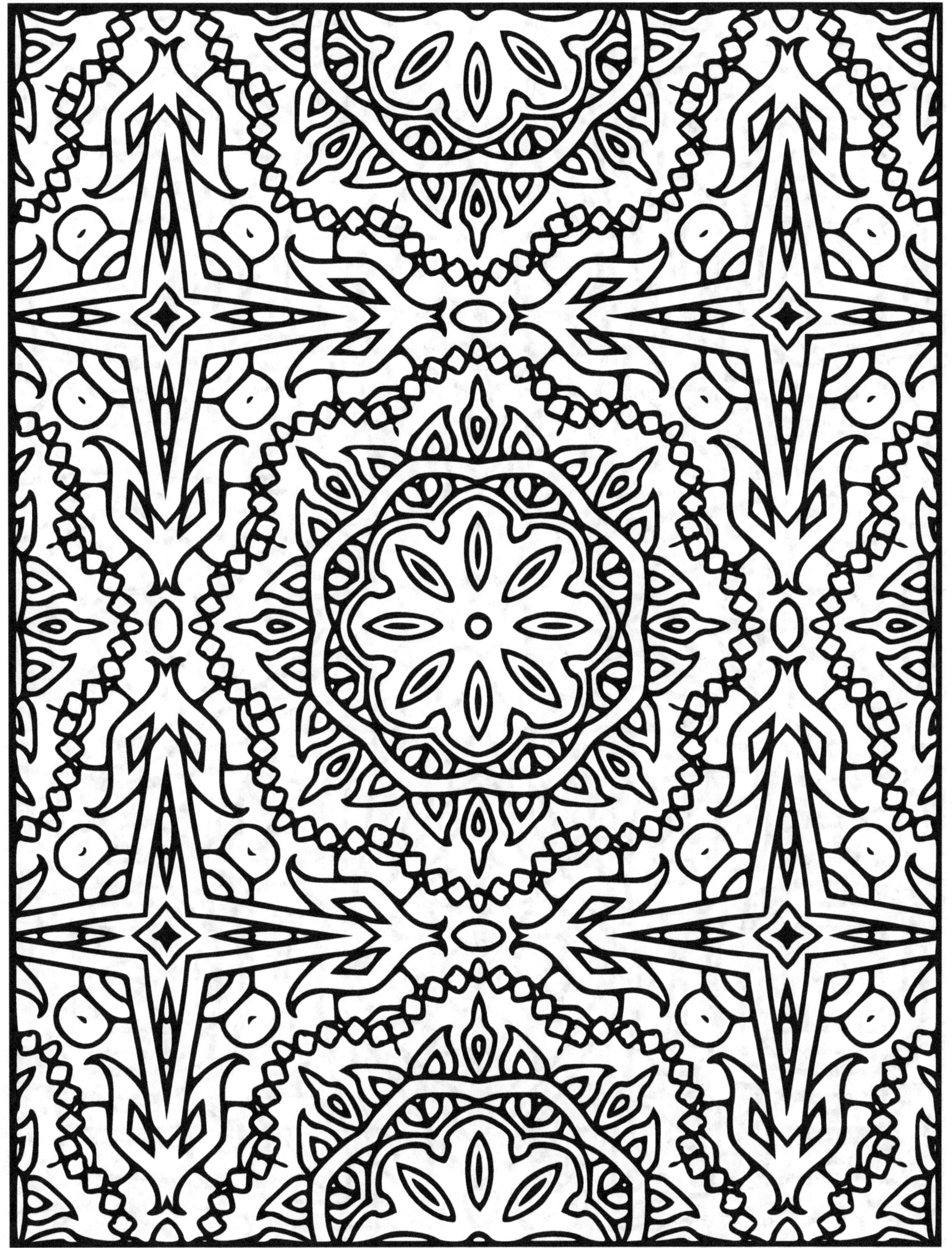

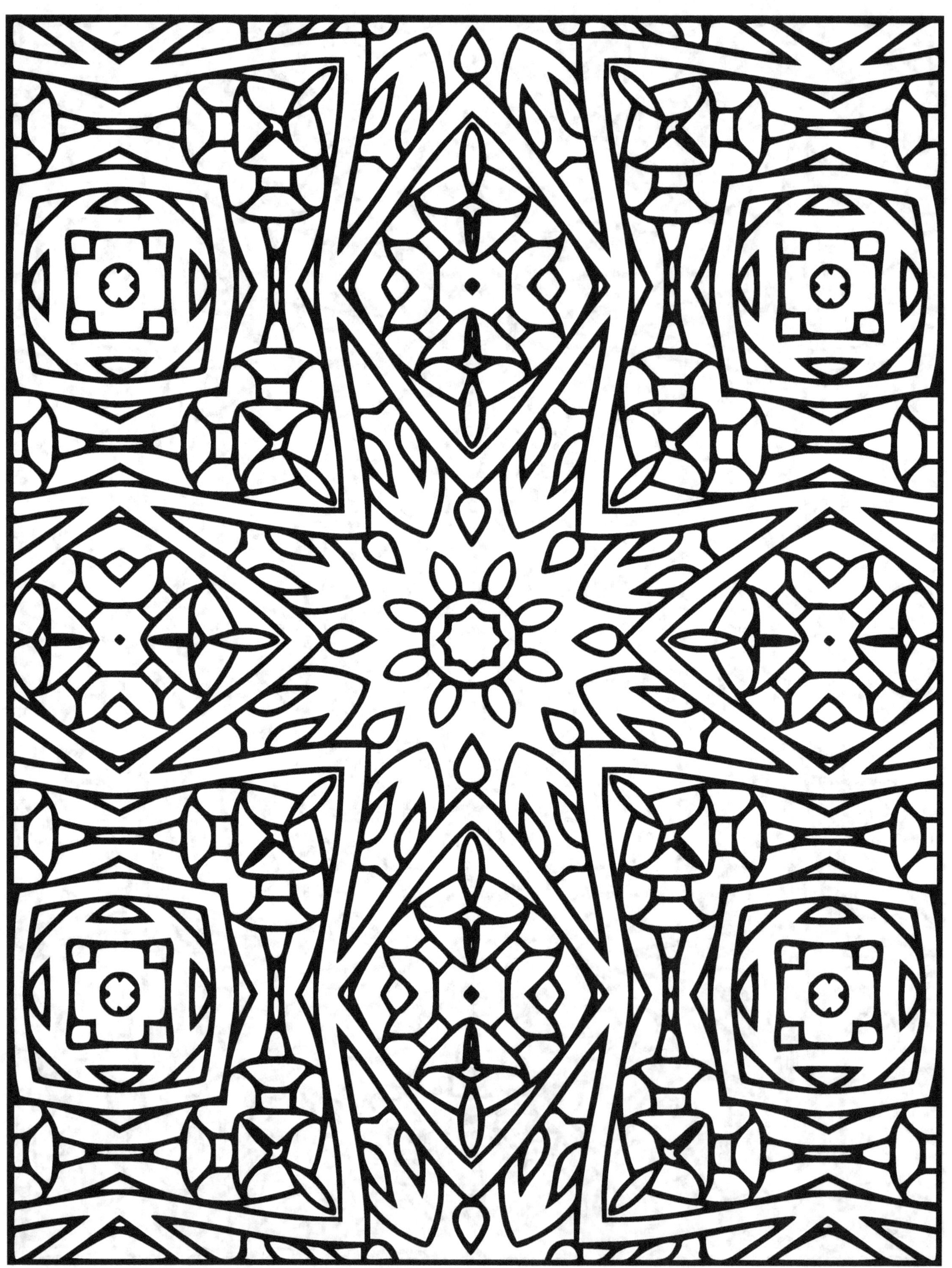

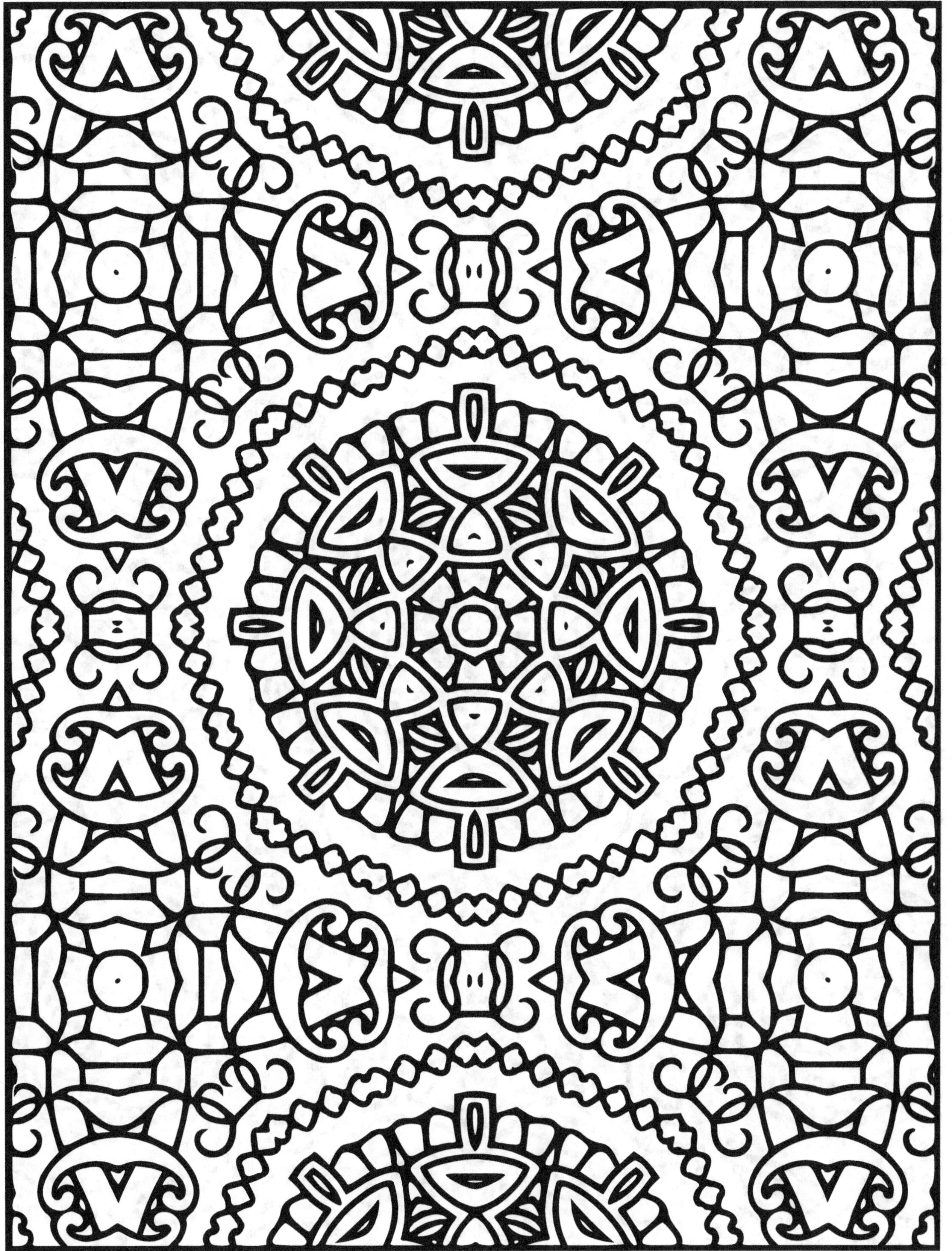

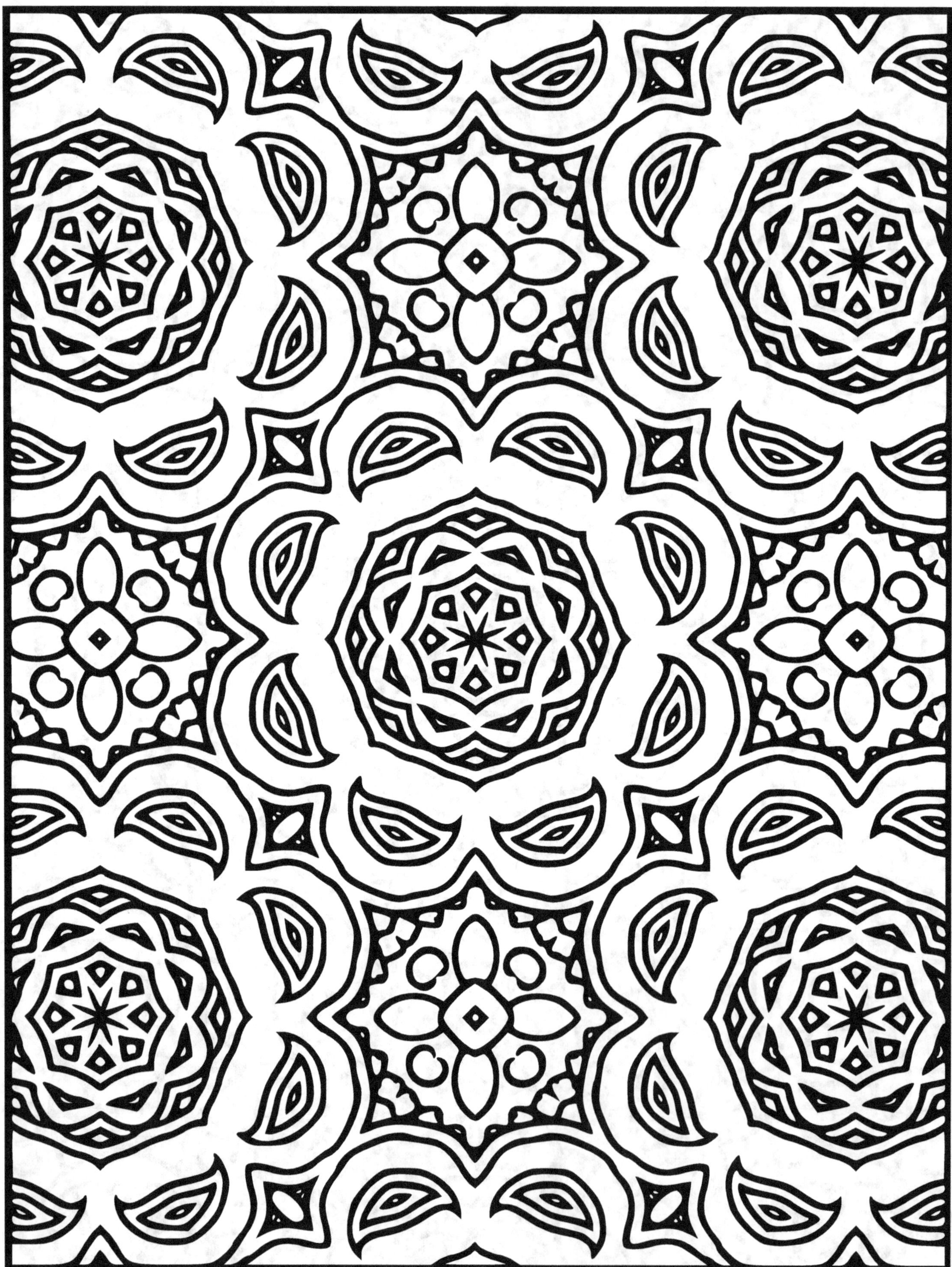

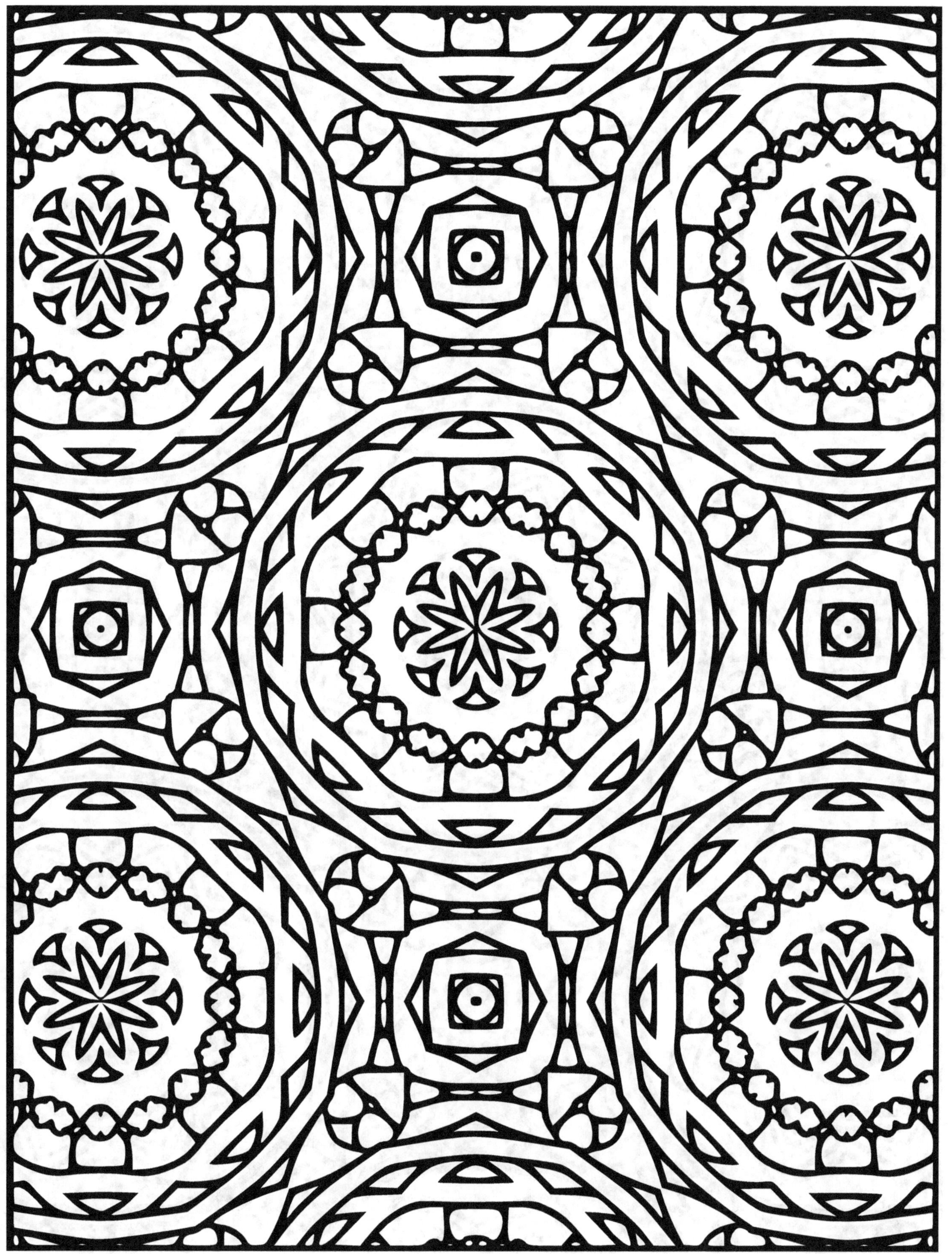

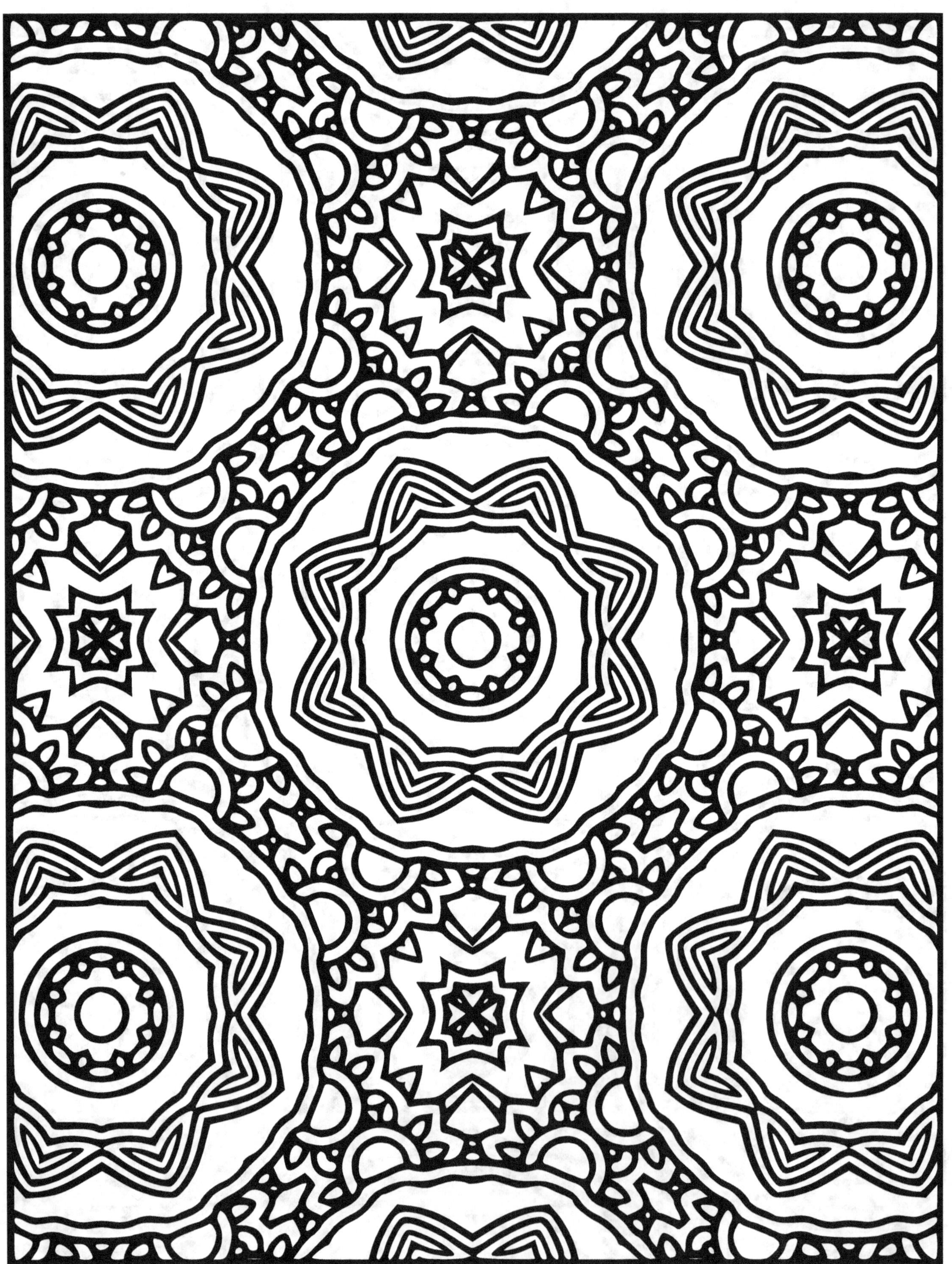

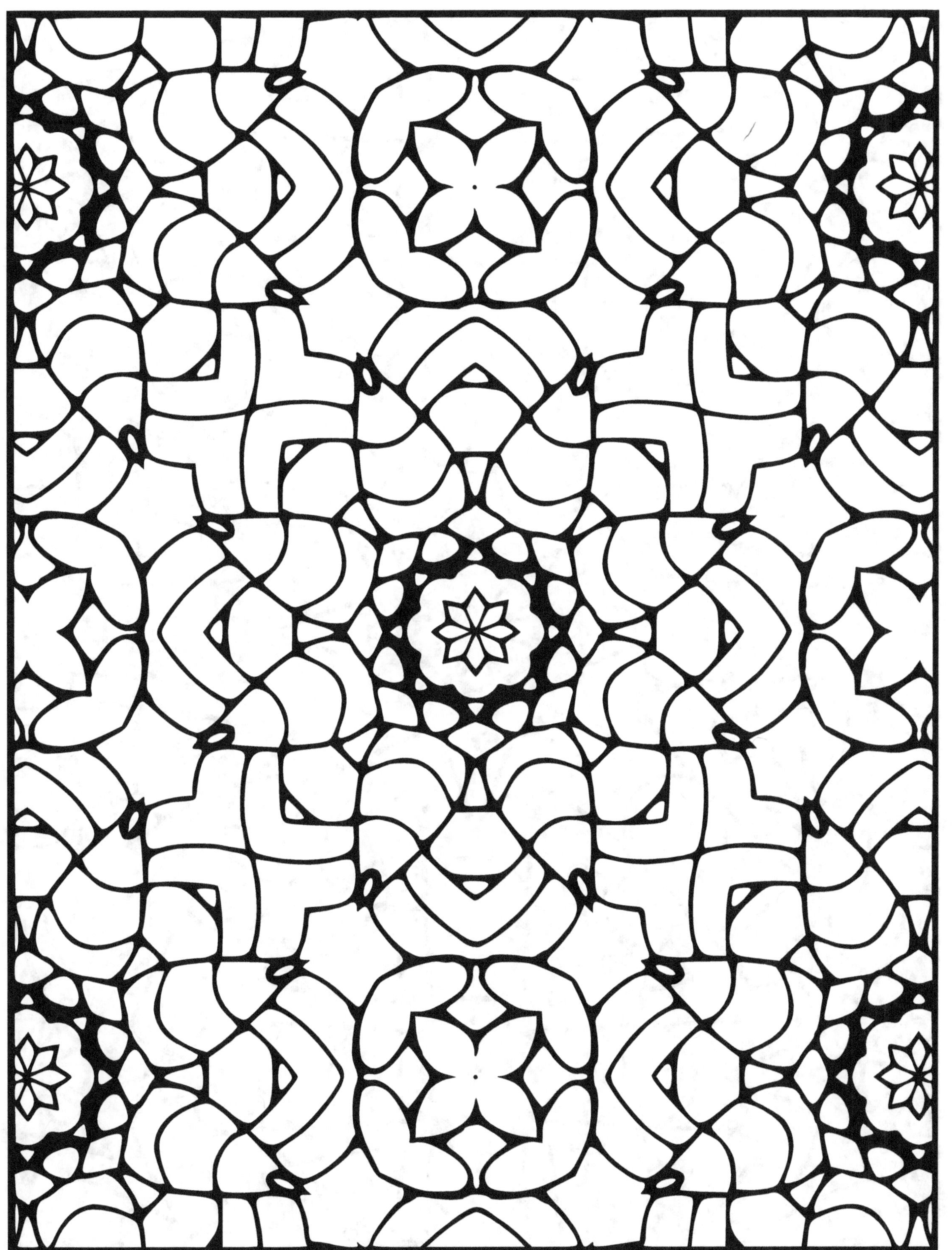

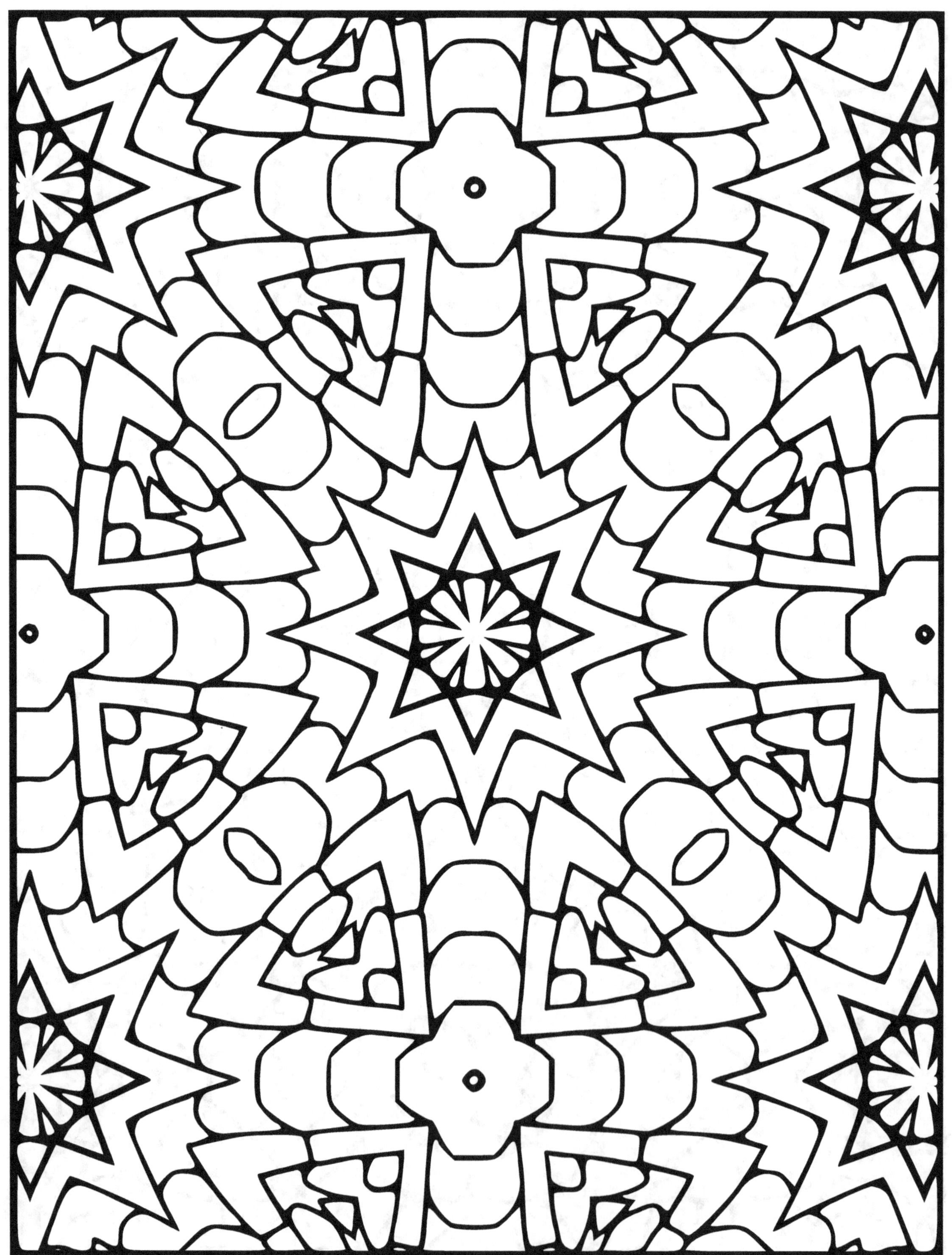

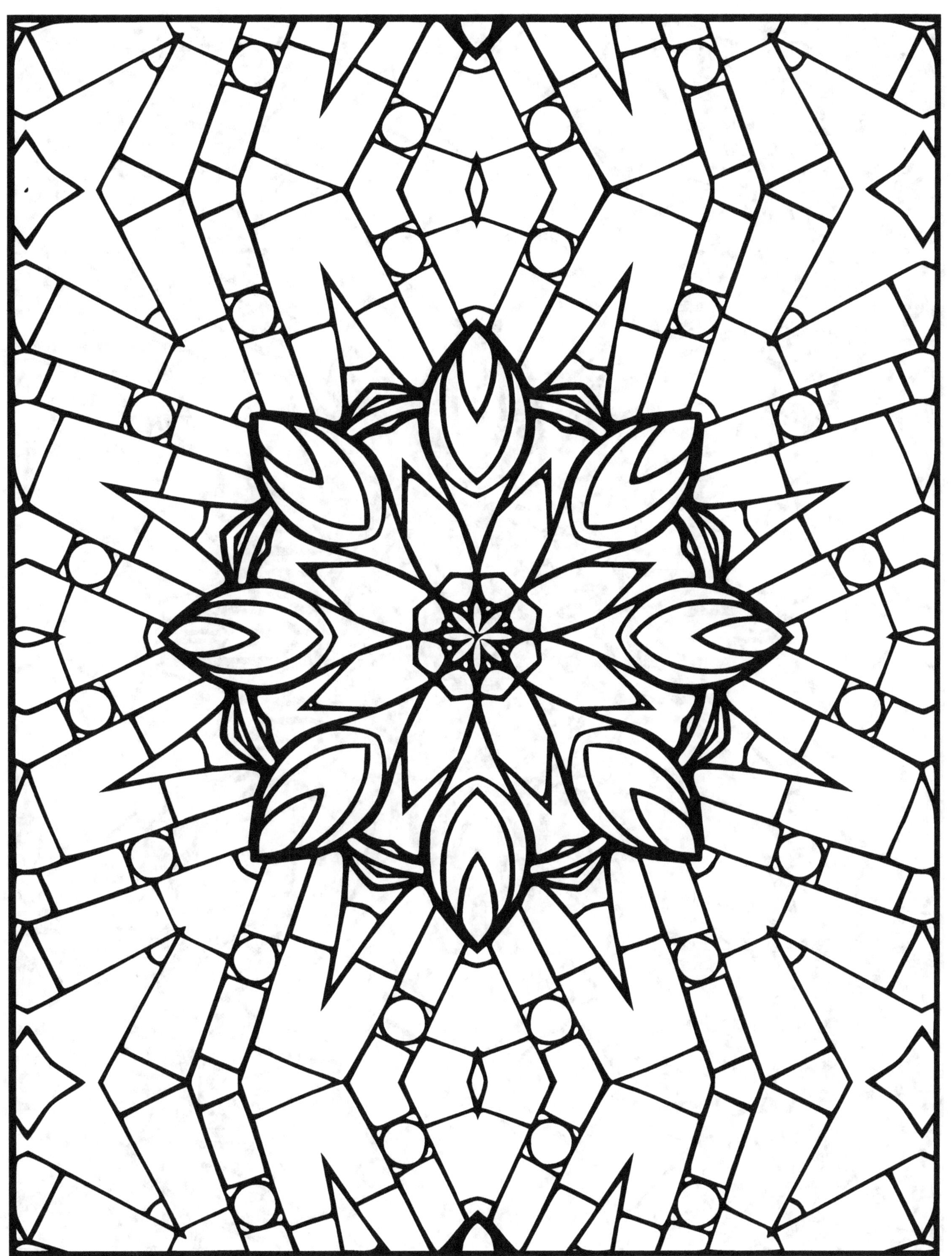

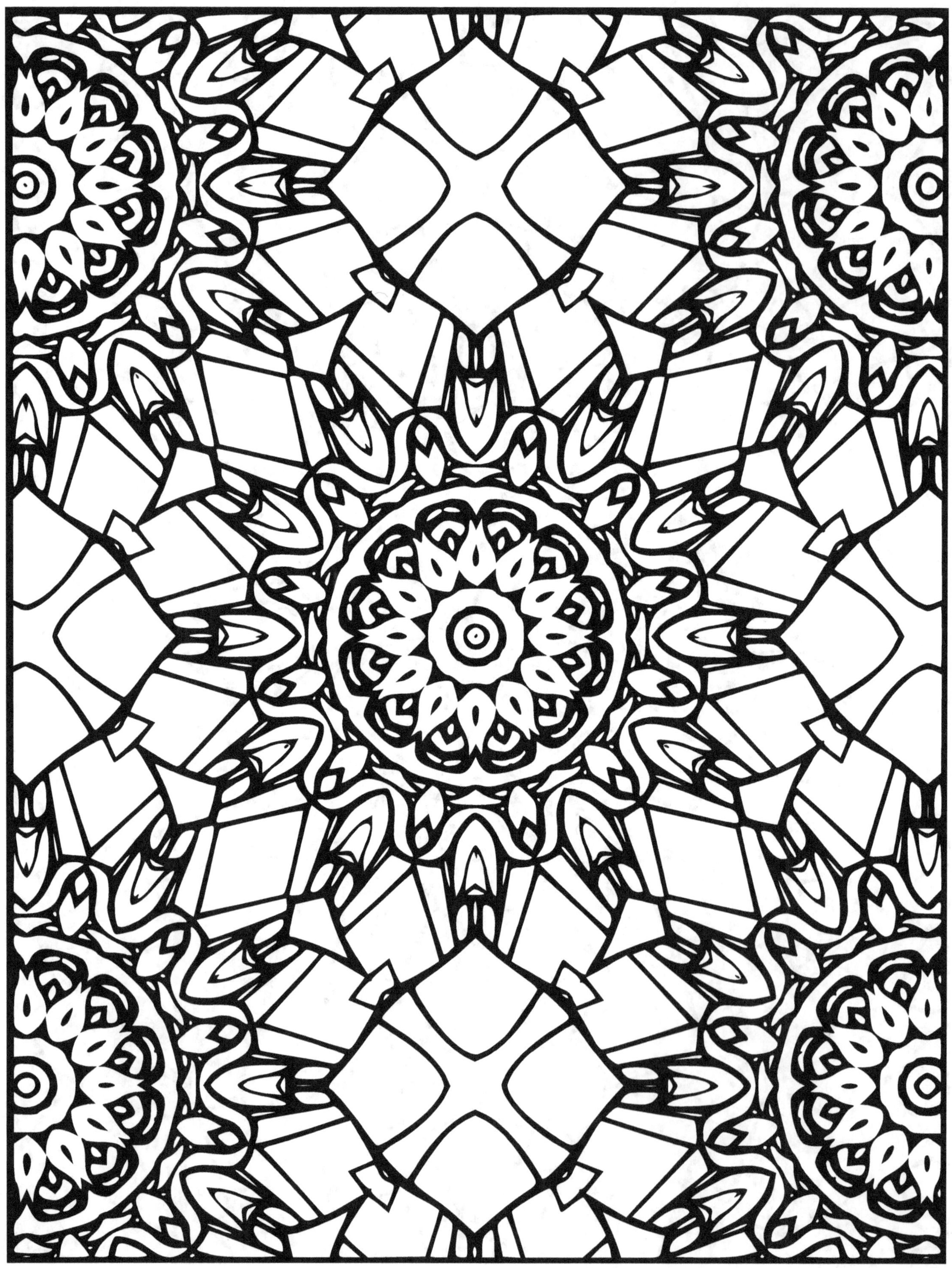

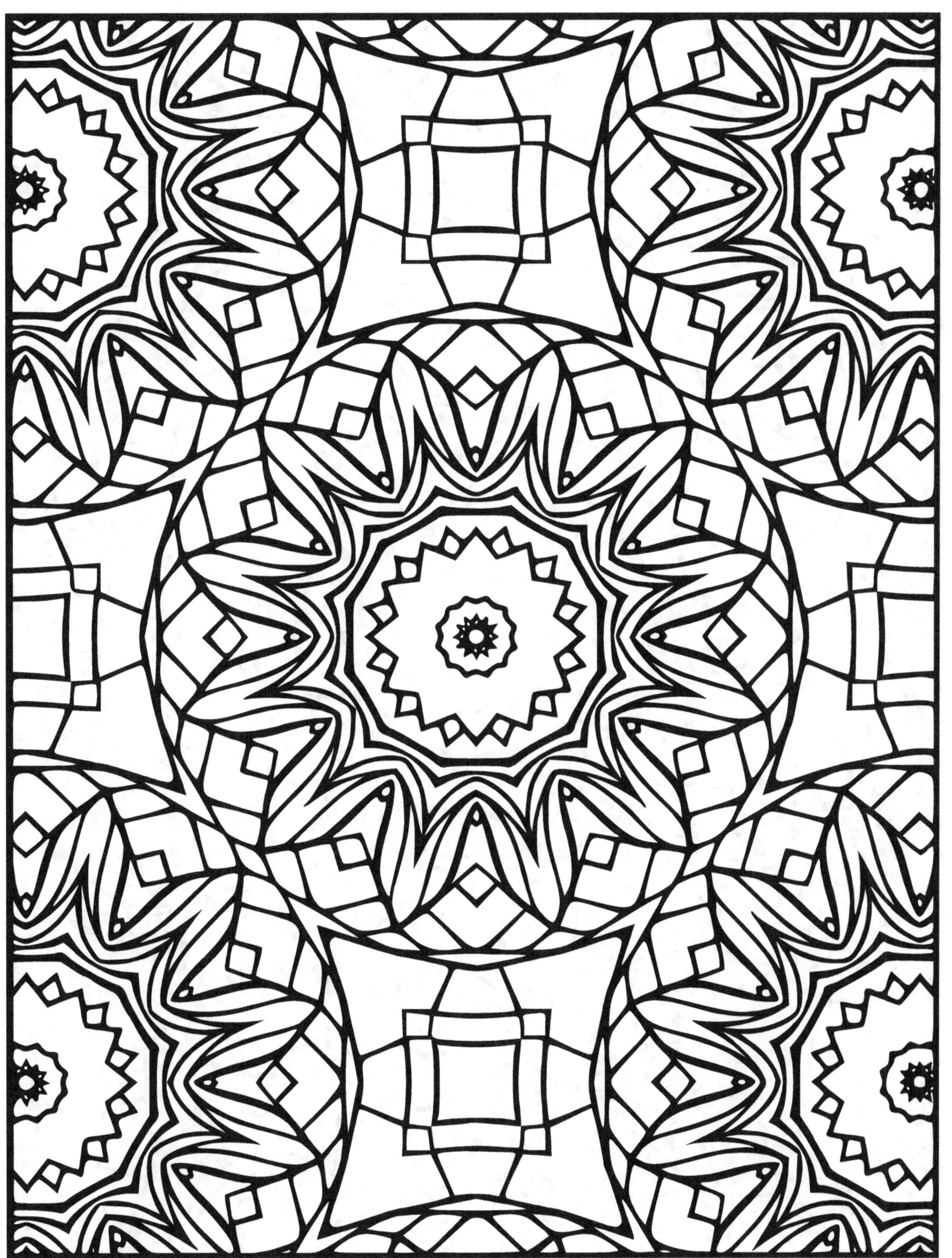

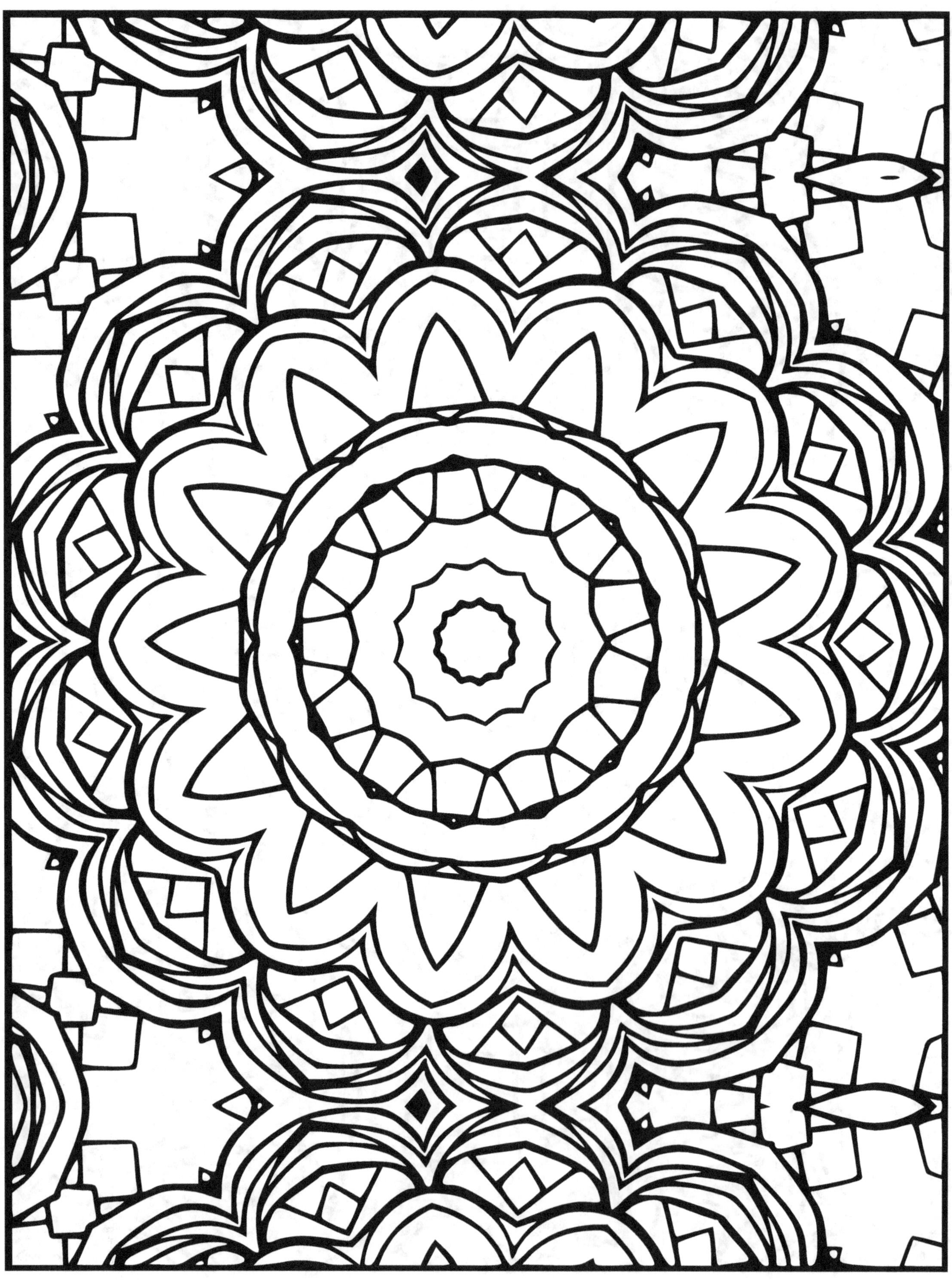

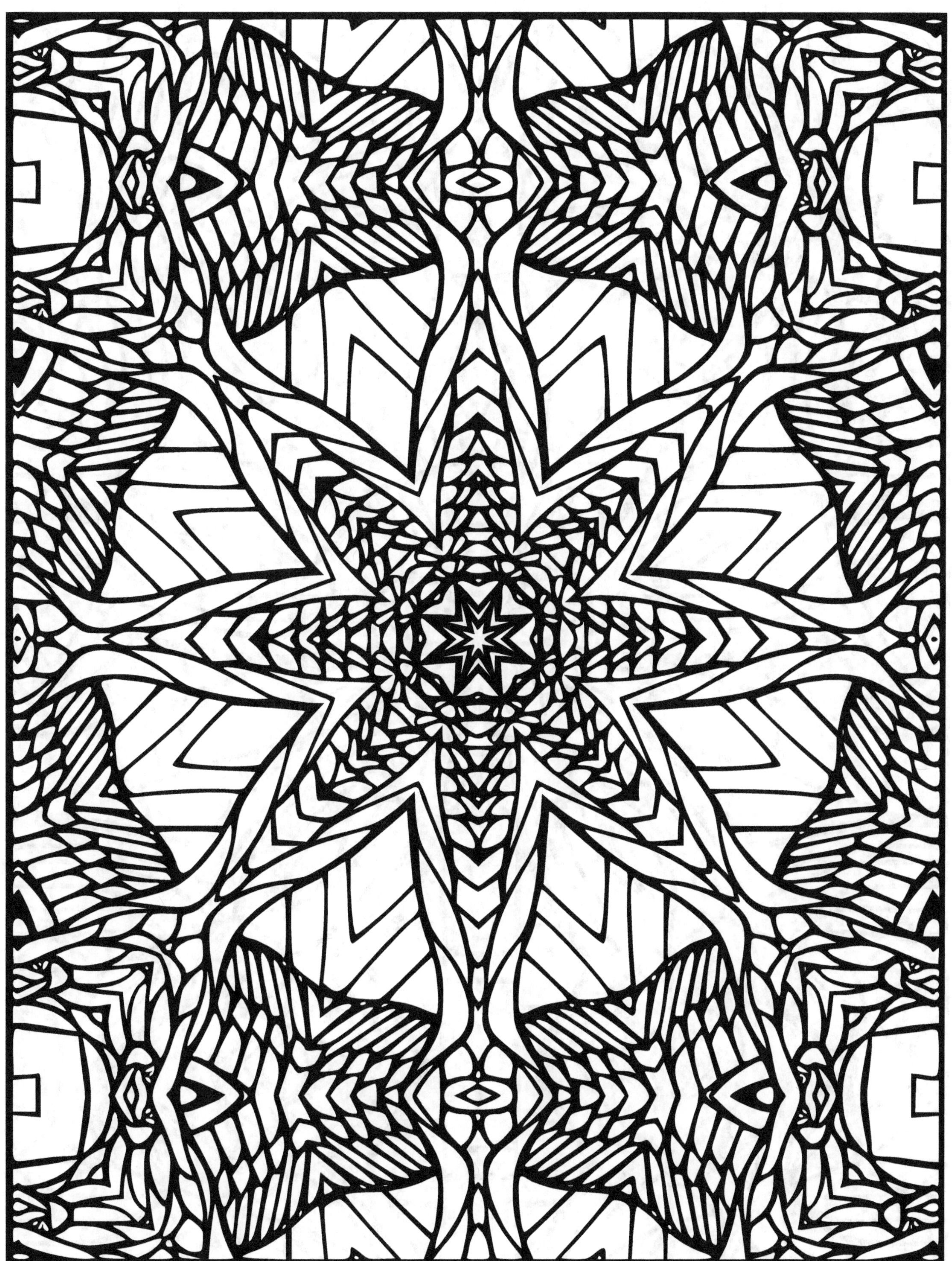

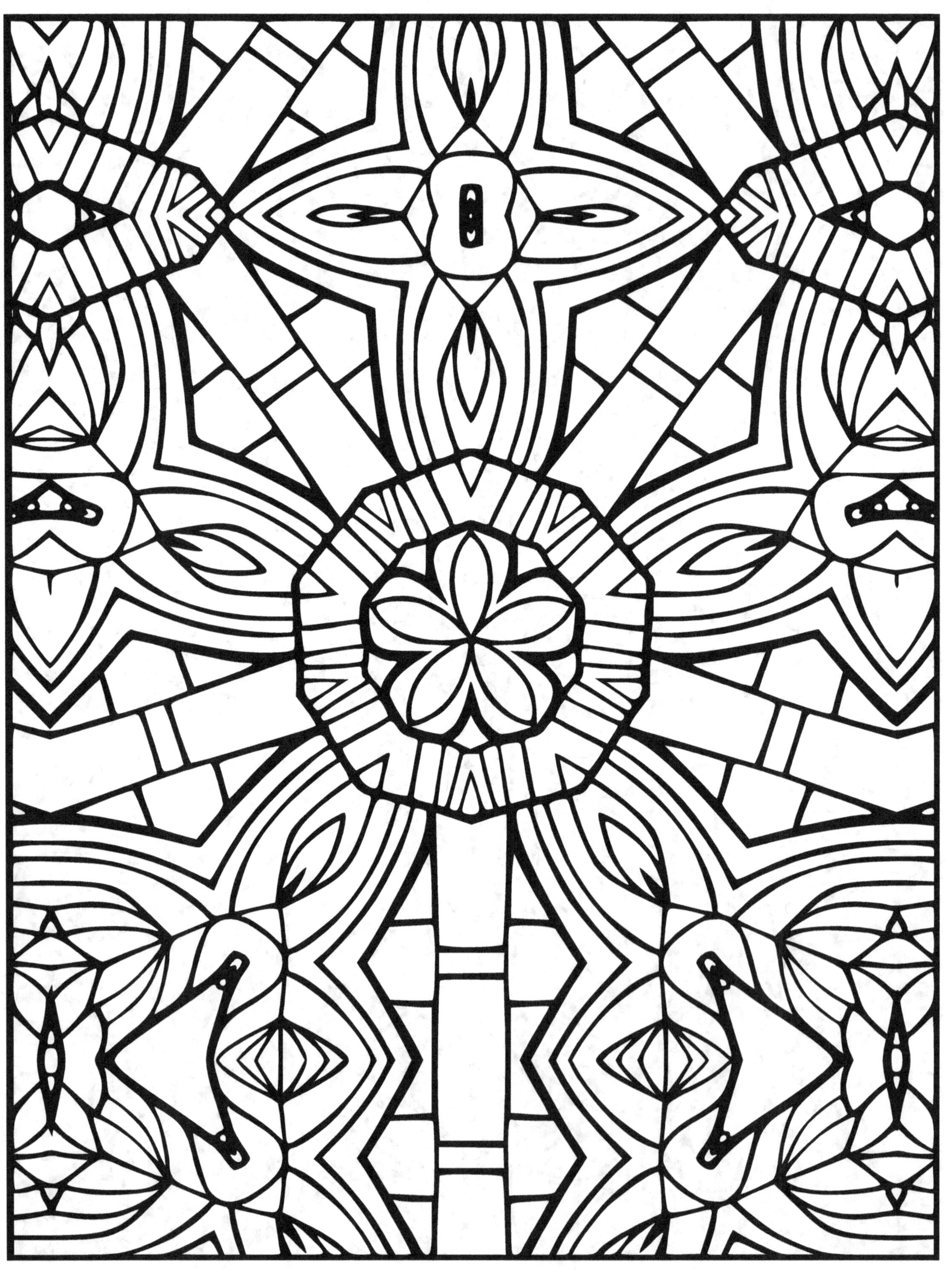

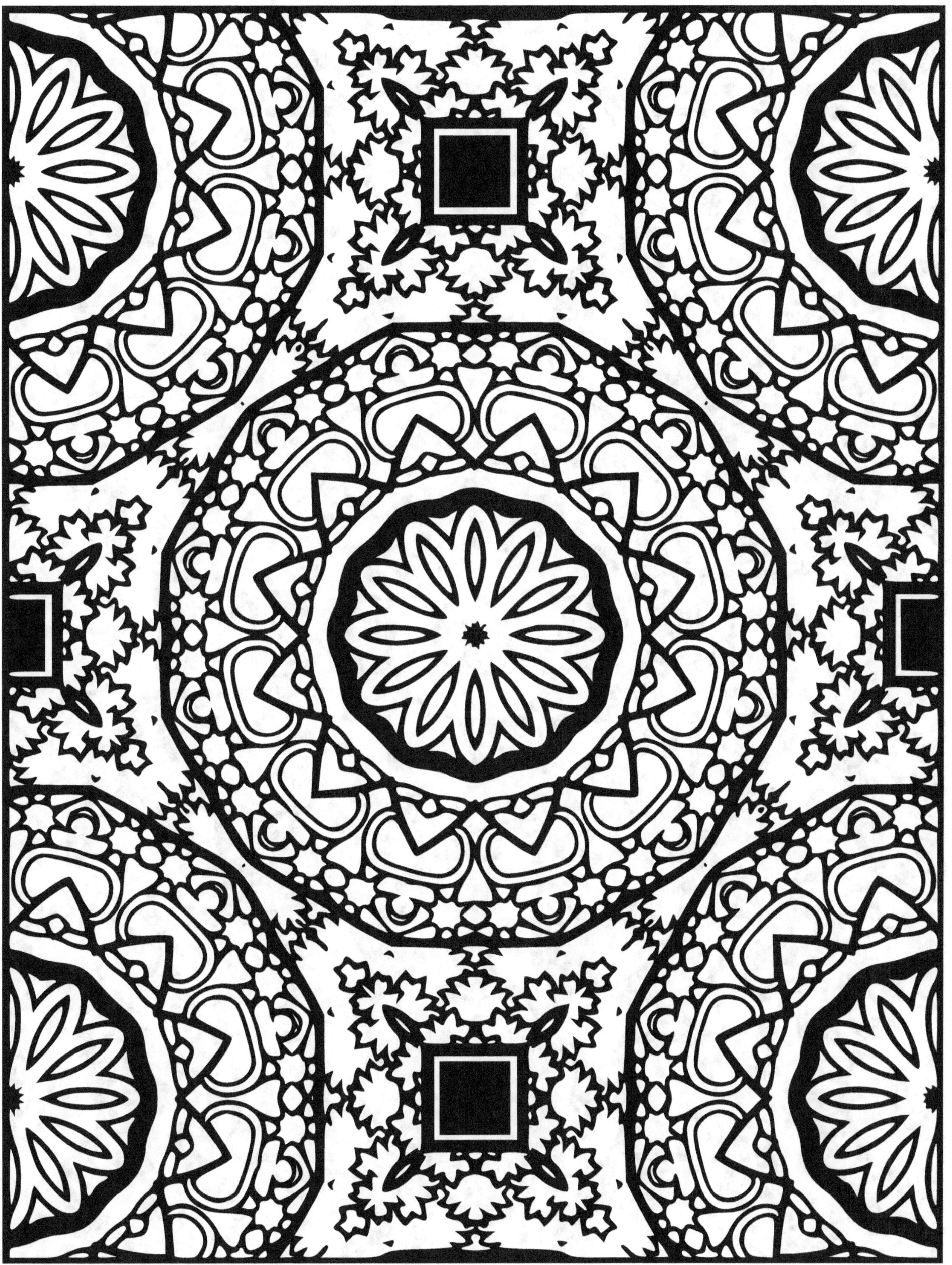

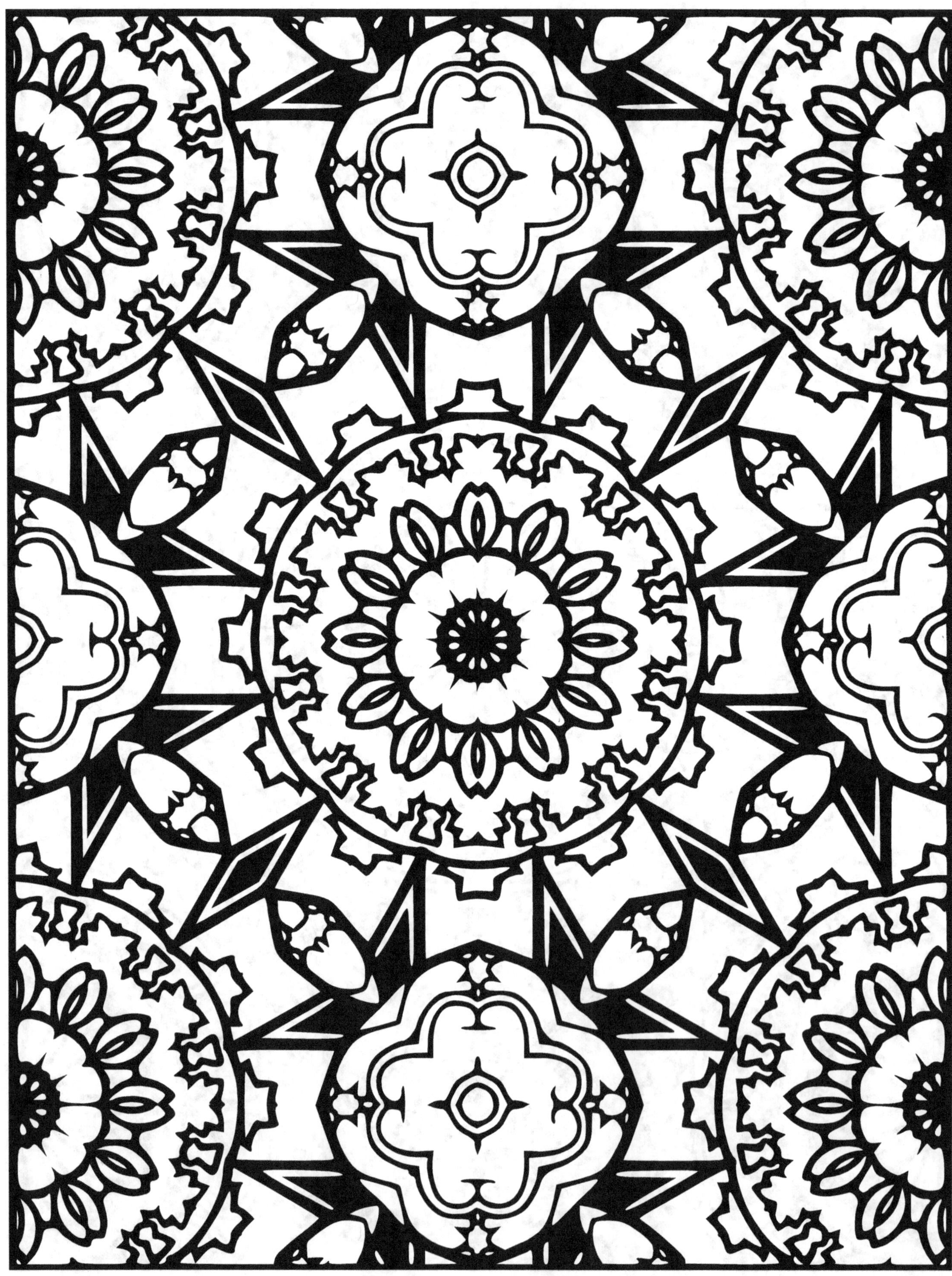

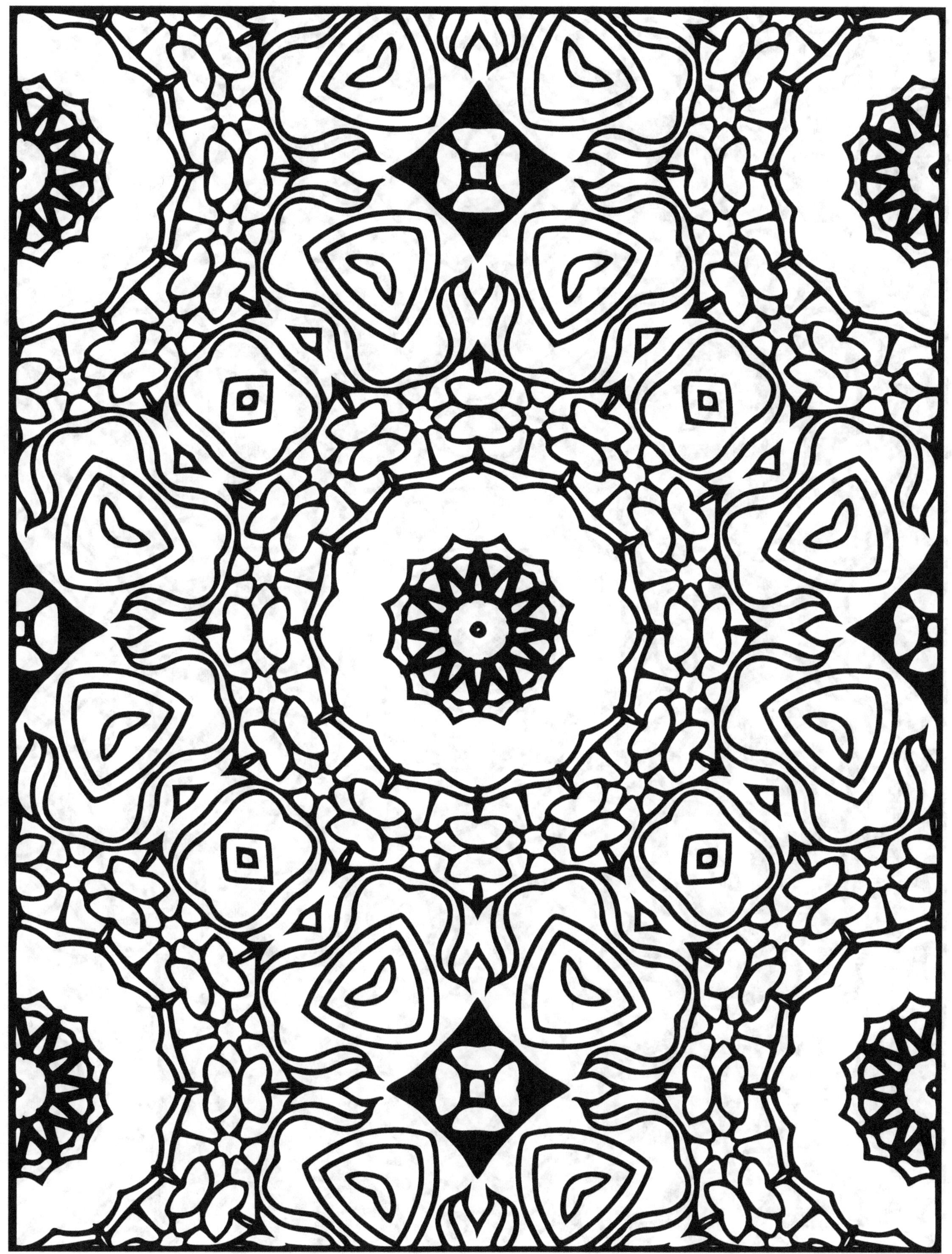

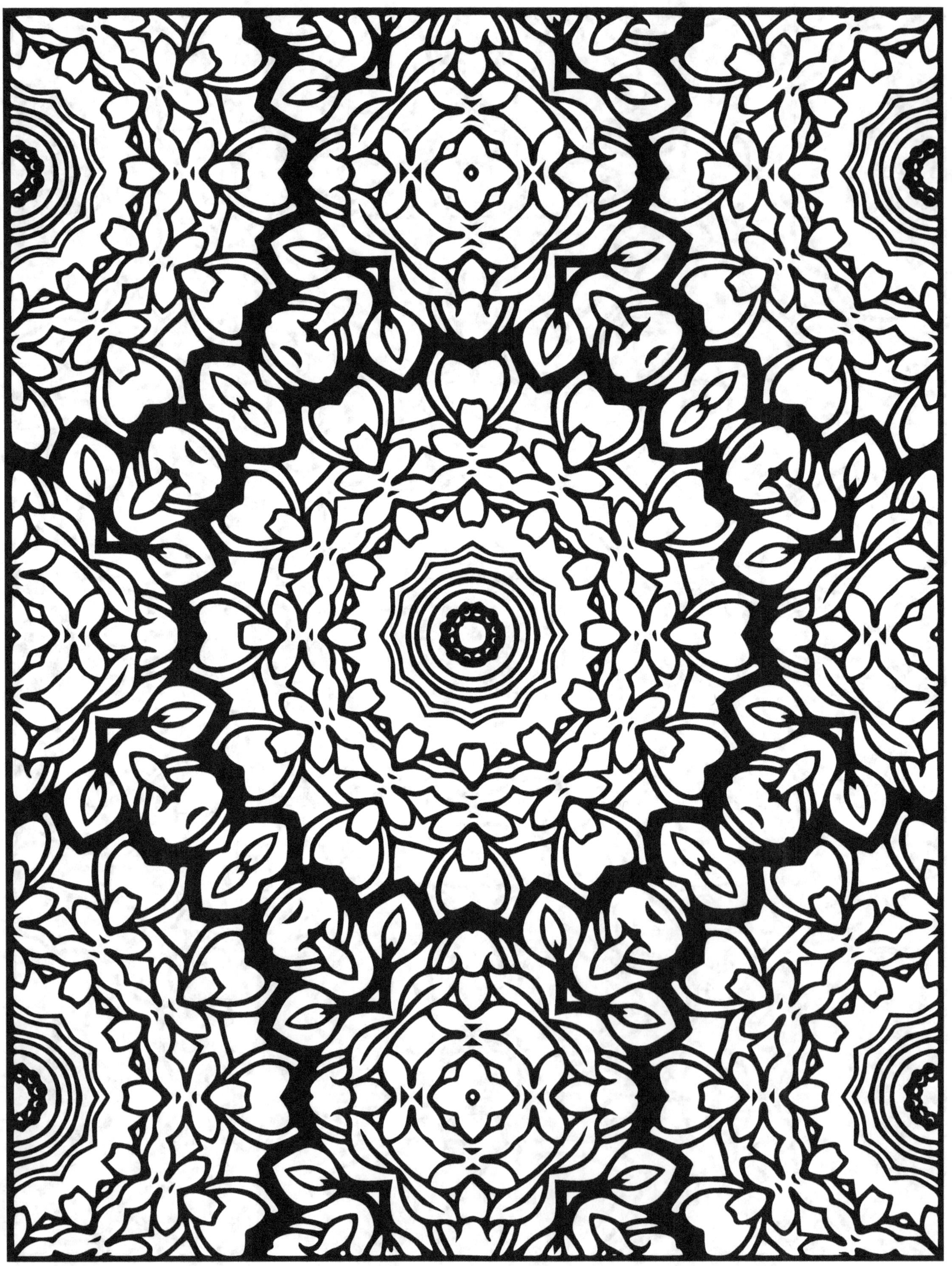